A ÁRVORE

A A A A A A A A A A A A
A A A A A A
A A A

a a a a a a a a a a a a
a a a a a a
a a a

B

BANANA

B B B B B B B B B B B
B B B B B B
B B B

b b b b b b b b b b b
b b b b b b
b b b

CACHORRO

C c c c c c c c c c c

C c c c c c

C c c

C c c c c c c c c c c

C c c c c

C c c

D

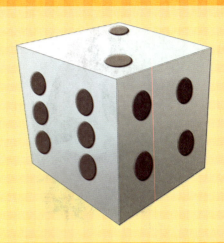

DADO

D D D D D D D D D D D D
D D D D D D D
D D

d d d d d d d d d d d
d d d d d
d d

E

ELEFANTE

E

E

E

e

e

e

F

FLOR

F
F
F

f
f
f

G

GATO

G G G G G G G G G G G
G G G G G G
G G G

g g g g g g g g g g g g
g g g g g g
g g g

HELICÓPTERO

H
H
H

h
h
h

I

IGREJA

J

JACARÉ

J
J
J

j
j
j

K

KIWI

L

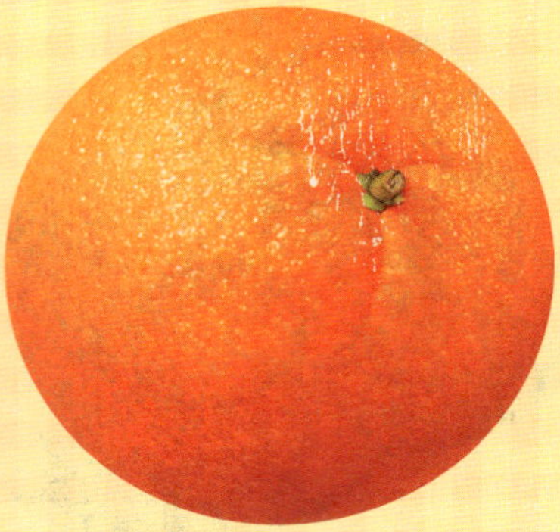

LARANJA

L

L

L

l

l

l

M  MAÇÃ

M
M
M

m
m
m

N

NUVEM

N

N

N

n

n

n

O

OVELHA

O o o o o o o o o o o o
O o o o o o
O o o

o o o o o o o o o o o o o o
o o o o o
o o o

P

PEIXE

P P P P P P P P P P P P
P P P P P P
P P P

p p p p p p p p p p p p
p p p p p
p p p

Q

QUEIJO

R

RELÓGIO

R R R R R R R R R R R R

R R R R R R

R R R

r r r r r r r r r r r r

r r r r

r r

S

SAPO

S S S S S S S S S S S S S S

S S S S S S

S S S

S S S S S S S S S S S S S S

S S S S S

S S S

T

TARTARUGA

T

T T

T T

t

t

t

U

UVA

V W

VACA **WINDSURF**

V
V
v
v
W
W
w
w

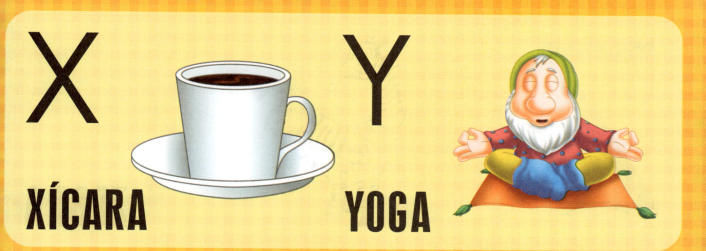

X Y
XÍCARA **YOGA**

X x x x

X x x x

x x x x

x x x x

Y y y y

Y y y y

y y y y

y y y y

Z

ZEBRA

Z
Z
Z

z
z
z

0 ZERO

0

ZERO

zero

1 UM

1

UM

um

2 DOIS

2

DOIS

dois

3 TRÊS

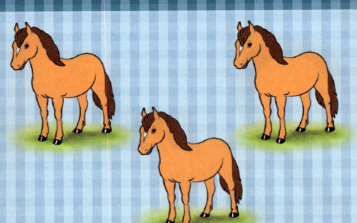

3

TRÊS

três

4 QUATRO

4

QUATRO

quatro

5 CINCO

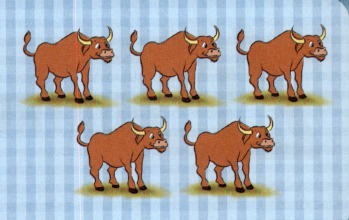

5

CINCO

cinco

6 SEIS

6 6 6 6 6 6 6 6 6 6 6
6 6 6 6 6

SEIS SEIS SEIS SEIS
SEIS SEIS

seis seis seis seis
seis seis

7 SETE

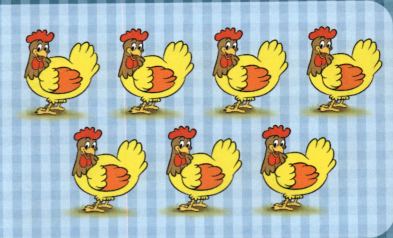

7

SETE

sete

8 OITO

8

OITO

oito

q NOVE

q

NOVE

nove

10 DEZ

10

DEZ

dez

11
ONZE

11

ONZE

onze

12
DOZE

12

DOZE

doze

13

TREZE

13

TREZE

treze

14
QUATORZE

14

QUATORZE

quatorze

15
QUINZE

15

QUINZE

quinze

16

DEZESSEIS

16

DEZESSEIS

dezesseis

17
DEZESSETE

17

DEZESSETE

dezessete

18
DEZOITO

18

DEZOITO

dezoito

19

DEZENOVE

19

DEZENOVE

dezenove

20
VINTE

20

VINTE

vinte

21

22

23

24

25

26

27

28

29

30

31 31 31 31 31 31 31

32 32 32 32 32 32 32

33 33 33 33 33 33 33

34 34 34 34 34 34 34

35 35 35 35 35 35 35

36 36 36 36 36 36 36

37 37 37 37 37 37 37

38 38 38 38 38 38 38

39 39 39 39 39 39 39

40 40 40 40 40 40 40

41

42

43

44

45

46

47

48

49

50

A

ABELHA

ABELHA

abelha

B

BOLO

BOLO

bolo

C

CASTELO

CASTELO
CASTELO CASTELO

castelo castelo castelo
castelo castelo

D

DADO

DADO

dado

E

ESQUILO

ESQUILO

esquilo

F

FLOR

FLOR

flor

G

GATO

GATO   GATO   GATO
GATO   GATO

gato   gato   gato   gato
gato

H

HELICÓPTERO

HELICÓPTERO

helicóptero

I

IGREJA

IGREJA

igreja

J

JACARÉ

JACARÉ

jacaré

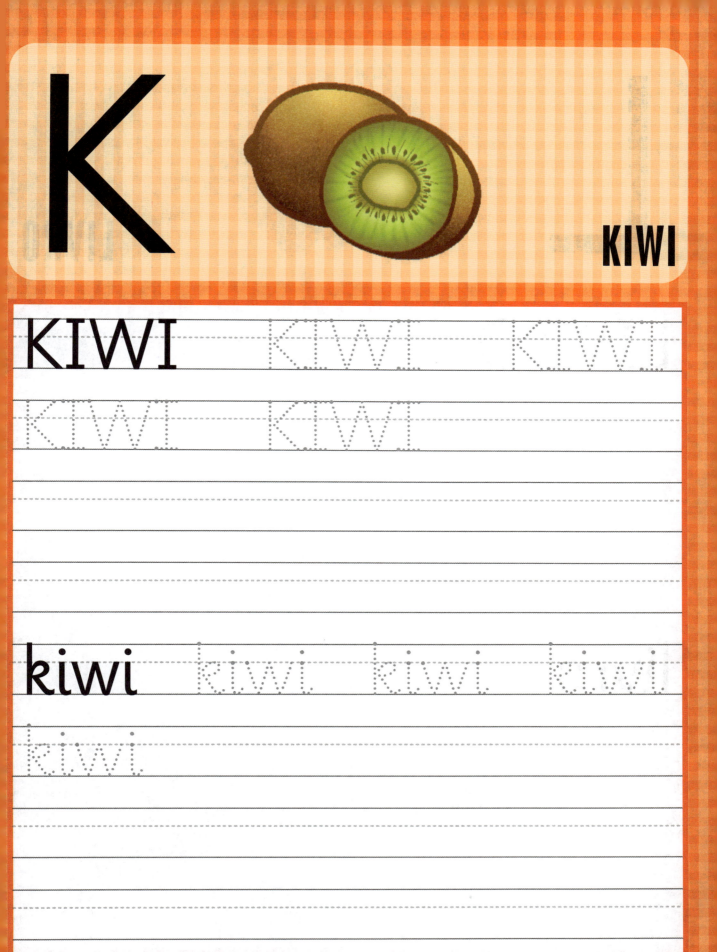

L

LIVRO

LIVRO

livro

M

MACACO

MACACO MACACO MACACO

MACACO MACACO

macaco macaco macaco

macaco macaco

N

NUVEM

NUVEM

nuvem

O

OVO

OVO OVO OVO OVO OVO OVO

ovo ovo ovo ovo ovo

P

PORCO

PORCO

porco

Q

QUEIJO

QUEIJO

queijo

R  RELÓGIO

RELÓGIO

relógio

S

SAPO

SAPO

sapo

T

TOURO

TOURO

touro

U

UVA

UVA

uva

VACA

vaca

WAFER

wafer

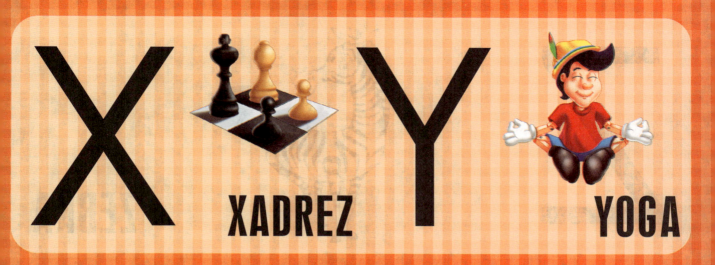

X Y
XADREZ YOGA

XADREZ

xadrez

YOGA

yoga

Z

ZEBRA

ZEBRA

zebra

AGORA QUE VOCÊ JÁ TREINOU AS LETRAS E PALAVRAS, VAMOS TREINAR AS FRASES?

O GATO MIA!

O gato mia!

VIAJAR É LEGAL!

Viajar é legal!

A BORBOLETA É COLORIDA!

A Borboleta é colorida!

EU JÁ SEI ESCREVER!

Eu já sei escrever!

JOGAR BOLA É MUITO DIVERTIDO

Jogar bola é muito divertido.

AS VERDURAS SÃO GOSTOSAS!

As verduras são gostosas!

ADORO BRINCAR NAS FÉRIAS!

Adoro brincar nas férias!

MINHA MÃE GOSTA DE COZINHAR!

Minha mãe gosta de cozinhar!

VAMOS PARA A ESCOLA HOJE?

Vamos para a escola hoje?

MEU PAI É MEU HERÓI!

Meu pai é meu herói!

NO VERÃO, EU VOU À PRAIA!

No verão, eu vou à praia!

A VOVÓ CUIDA DO JARDIM!

A vovó cuida do jardim!

A PROFESSORA É QUERIDA.

A professora é querida.

O VOVÔ GOSTA DE PESCAR!

O vovô gosta de pescar!

O ARCO-ÍRIS TEM SETE CORES!

O arco-íris tem sete cores!

O CACHORRO É MEU AMIGO!

O cachorro é meu amigo!

O JACARÉ É PERIGOSO!

O jacaré é perigoso!

AS UVAS SÃO SABOROSAS!

As uvas são saborosas!

EU AMO O PAPAI E A MAMÃE!

Eu amo o papai e a mamãe!

PRECISO PRATICAR A ESCRITA!

Preciso praticar a escrita!

A LÃ VEM DAS OVELHAS!

A lã vem das ovelhas!

ACORDO CEDO TODOS OS DIAS!

Acordo cedo todos os dias!

PRESERVE A NATUREZA!

Preserve a natureza!

O CAFÉ DA MANHÃ É IMPORTANTE!

O café da manhã é importante!

EU GOSTO DE FEIJÃO COM ARROZ!

Eu gosto de feijão com arroz!

O NATAL ESTÁ CHEGANDO!

O Natal está chegando!

O GALO CANTA AO AMANHECER!

O galo canta ao amanhecer.

EM CASA VOU FAZER A LIÇÃO!

Em casa vou fazer a lição!

LUGAR DE CRIANÇA É NA ESCOLA!

lugar de criança é na escola!

DEVEMOS RESPEITAR OS ADULTOS!

Devemos respeitar os adultos!